SYLVANUS MULOWAYI WA KAYUMBA

COVID-19 A LA MAISON BLANCHE/ COVID-19 NA CASA BRANCA

SYLVANUS MULOWAYI WA KAYUMBA

COVID-19 A LA MAISON BLANCHE/ COVID-19 NA CASA BRANCA

Incroyable Mais Vrai! Incrível, Mas é Verdade!

Éditions Croix du Salut

Imprint

Cover image: www.ingimage.com

Publisher:
Éditions Croix du Salut
is a trademark of
International Book Market Service Ltd., member of OmniScriptum Publishing Group
17 Meldrum Street, Beau Bassin 71504, Mauritius
Printed at: see last page
ISBN: 978-613-7-37478-8

EDITIONS CROIX DU SALUT

Version en Français-Portugais (Versão francês-Português)

COVID-19 A LA MAISON BLANCHE

Incroyable Mais Vrai !

Sylvanus MULOWAYI WA KAYUMBA

Octobre 2020

COVID-19 PARA A CASA BRANCA

Incrível, Mas é Verdade!

Sylvanus MULOWAYI WA KAYUMBA

Outubro de 2020

COVID-19 A LA MAISON BLANCHE

COVID-19 PARA A CASA BRANCA

INTRODUCTION

A la surprise de nous tous, le couple le plus sécurisé de la planète bleue a été testé et trouvé atteint du Covid-19.

Incroyable mais vrai !

L'homme fort et puissant de la terre en ces moments est alité avec la première dame des Etats Unis d'Amérique dans une clinique militaire de la grande puissance militaire contemporaine. Le Covid-19 a été cette fois-ci plus puissant que le doigt du roi et a pu traverser toutes les ceintures de sécurité de la Maison Blanche pour porter atteinte à la santé de ce couple d'honneur des américains.

Où étaient les services de renseignements les mieux équipés de la terre ?

Qui a laissé entrer cette germe minuscule dans la Maison Blanche et qui nous protège, nous africains, dans notre continent de la négritude ?

Nous sommes nés dans le confinement et nous avons grandi dans ça, mais Dieu ne nous jamais abandonnés !

INTRODUÇÃO

Para a surpresa de todos nós, o casal mais seguro do planeta azul foi testado e descobriu-se que tinha Covid-19.

Incrível, mas é verdade!

O homem forte e poderoso da terra nestes tempos está acamado com a primeira-dama dos Estados Unidos da América em uma clínica militar do grande poder militar contemporâneo. O Covid-19 desta vez foi mais poderoso que o dedo do rei e foi capaz de passar por todos os cintos de segurança da Casa Branca para prejudicar a saúde deste honrado casal de americanos.

Onde estavam os serviços de inteligência mais bem equipados do planeta?

Quem deixou este minúsculo germe entrar na Casa Branca e que nos protege da negritude nós, africanos, em nosso continente?

Nascemos em confinamento e crescemos nele, mas Deus nunca desistiu de nós!

Toujours sûr de lui-même le président des Etats Unis d'Amérique est aujourd'hui dans la position horizontale avec la première dame et c'est finalement le corps médical qui remplace tous les services intelligents de sécurité.

Un grain de sable dans le riz a gâché toute la bouchée et le suspens ainsi que l'irrésolu conduits par Covid-19 sur le tapis rouge de celui qui a l'influence sur bien de choses sur cette planète bleue.

Si Covid-19 traverse les murs de la Maison Blanche si facilement, à combien plus forte raison il le ferait dans nos maisons en terre battue avec des toits en chaume en Afrique ?

Il y a bien quelque chose que mes contemporains ne comprennent pas. C'est que c'est Dieu qui a le premier et le dernier mot dans la vie de chacun de nous !

Pharaon avait finalement accepté de laisser le peuple de Dieu dans le désert pour adorer Dieu avec espoir de les revoir revenir mais ils partirent pour du bon !

Sempre seguro de si, o Presidente dos Estados Unidos da América encontra-se agora na posição horizontal com a Primeira Dama e é, em última análise, a profissão médica que substitui todos os serviços de segurança inteligentes.

Um grão de areia no arroz estragou toda a boca, suspense e irresoluto que Covid-19 colocou no tapete vermelho de quem quer que tenha tanta influência neste planeta azul.

Se a Covid-19 atravessa as paredes da Casa Branca com tanta facilidade, quanto mais ela faria em nossas casas de terra com telhados de palha na África?

Há algo que meus contemporâneos não entendem. É Deus quem tem a primeira e a última palavra na vida de cada um de nós!

Faraó finalmente concordou em deixar o povo de Deus no deserto para adorar a Deus com a esperança de vê-los de volta, mas eles partiram para sempre!

Que manque-t-il aux américains pour protéger leur président ?

Rien du tout !

Covid-19 ne sait pas transposer son aventure en Afrique car nous avons la croyance et la foi ajoutées à la médecine traditionnelle et moderne.

Il y a une partie de la divinité et de l'esprit dans la lutte contre les maladies et nous ne regrettons pas d'avoir vu le jour en Afrique.

Notre tradition a refusé cette offre maléfique venue du laboratoire des fils de la perdition et de la ruine éternelle.

Nos ancêtres ont rejeté en bloc cette randonnée de sang et de ravage conçue par les apprentis-sorciers de ce siècle de vitesse et de haute technologie.

La médecine traditionnelle africaine a prouvé le contraire à ceux qui se moquent de nous et notre croyance ainsi que notre foi en Jésus a finalement couronné cette victoire sur les exploits de triste mémoire du Covid-19.

O que falta aos americanos para proteger seu presidente?

Nada mesmo !

A Covid-19 não sabe transpor sua aventura para a África porque temos crença e fé agregadas à medicina tradicional e moderna.

Há uma parte da divindade e do espírito na luta contra as doenças e não lamentamos ter nascido na África.

Nossa tradição recusou esta oferta maligna vinda do laboratório dos filhos da perdição e da ruína eterna.

Nossos ancestrais rejeitaram completamente essa caminhada de sangue e destruição projetada pelos aprendizes de feiticeiro deste século de velocidade e alta tecnologia.

A medicina tradicional africana provou o contrário para aqueles que riem de nós e nossa crença, bem como nossa fé em Jesus, finalmente coroou esta vitória sobre as façanhas da triste memória da Covid-19.

Il faut revoir les mesures de sécurité de la Maison Blanche et punir quiconque a laissé passer Covid-19 jusque dans l'intimité du couple le plus protégé du monde.

Que le déconfinement ne nous trompe pas car Covid-19 n'est plus un mythe, une légende ou une fantaisie. C'est finalement une réalité vivante que nous devrions combattre en respectant les mesures préventives sur la distanciation, le lavement des mains et le port du masque.

Que devient l'homme le plus puissant de la terre ensemble avec son épouse.

Ils sont tous deux admis dans un hôpital ultra moderne aux Etats Unis d'Amérique avec espoir de guérison dans un bref délai car les jours sont comptés pour le locataire de la Maison Blanche pour les prochaines élections présidentielles qui sont bien imminentes !

Moi personnellement en ma qualité d'aumônier, je prie et demande la grâce divine sur eux tous deux et qu'ils renouvellent leur attachement en Dieu.

Devemos revisar as medidas de segurança da Casa Branca e punir quem quer que deixe Covid-19 passar para a privacidade do casal mais protegido do mundo.

Que o desconfinamento não nos engane, porque Covid-19 não é mais um mito, uma lenda ou uma fantasia. Em última análise, é uma realidade viva que devemos combater, respeitando as medidas preventivas de distanciamento, lavagem das mãos e uso de máscaras.

O que acontece com o homem mais poderoso da terra junto com sua esposa.

Ambos estão internados em um hospital de última geração nos Estados Unidos da América com a esperança de uma recuperação em pouco tempo, porque os dias estão contados para o inquilino da Casa Branca para as próximas eleições presidenciais que estão muito eminentes!

Eu, pessoalmente, como capelão, oro e peço a graça divina sobre eles e que renovem seu apego a Deus.

Je les invite à l'Ecole de David qui était un grand roi, mais qui trouvait toujours refuge dans la présence de Dieu.

David s'en tirait bien, non à cause de sa condition royale, mais grâce à son attachement à Dieu. Et aujourd'hui le monde pourra bien comprendre la pertinence de la leçon administrée au couple présidentiel américain.

On ne se moque pas de Dieu et ce que tout homme aura semé, il le récoltera car le sol est fidèle à la semence et à l'espèce

On ne marche pas sur des charbons ardents sans se brûler les pieds.

Que les grandes puissances s'inspirent de cette démonstration de triste mémoire pour venir nous rejoindre au pied de la croix car Dieu nous y invite par la foi en Jésus.

Une fois de plus au nom de tous les africains, je rends grâce à Dieu nous avoir réduit sensiblement les cas de mortalité et de victimes de Covid-19 dans ce continent de la négritude.

Je vois une lumière blanche en Afrique et des ténèbres profondes sur la Maison Blanche.

Eu os convido para a Escola de Davi que foi um grande rei, mas que sempre encontrou refúgio na presença de Deus.

Davi estava indo bem, não por causa de sua posição real, mas por causa de sua devoção a Deus. E agora o mundo entenderá plenamente a relevância da lição dada ao casal presidencial americano.

Não zombamos de Deus e do que todo homem semeia, ele colherá porque o solo é fiel à semente e às espécies.

Você não anda sobre brasas sem queimar os pés.Que as grandes potências se inspirem nesta demonstração de triste memória para virem se juntar a nós aos pés da cruz, porque Deus nos convida a fazê-lo pela fé em Jesus.

Mais uma vez em nome de todos os africanos, agradeço a Deus por ter reduzido significativamente os casos de mortes e vítimas de Covid-19 neste continente de negritude.

Vejo uma luz branca na África e uma escuridão profunda sobre a Casa Branca.

Venez nous rejoindre à l'école de la croyance et de la foi pour barrer la route à Covid-19 par les lois spirituelles.

Il y a encore une place vide et vacante au pied de la croix de Golgotha. Venez boire et emporter de l'eau vive sans argent car la foi en Jésus suffit pour nous introduire dans l'imputation de la repentance, la réconciliation et la restauration.

Je prie pour le couple présidentiel américain et je crois de tout mon cœur que Covid-19 va lamentablement échouer cette randonnée de triste mémoire !

Dites au couple présidentiel que j'ai le certificat de décès de Covid-19. Et qu'ils se repentent sincèrement pour accéder sans prix d'argent ni d'or à leur restauration.

La véritable foi, c'est posséder avant de posséder et ils peuvent par la foi en Jésus expérimenter la grâce de Dieu dans leur vie.

Junte-se a nós na Escola de Crença e Fé para bloquear a estrada para Covid-19 com as leis espirituais.

Ainda há um lugar vazio e vago ao pé da cruz do Gólgota. Venha beber e tirar água viva sem dinheiro porque a fé em Jesus é o suficiente para nos apresentar à imputação de arrependimento, reconciliação e restauração.

Oro pelo casal presidencial americano e acredito de todo o coração que Covid-19 falhará miseravelmente nesta caminhada de tristes lembranças!

Diga ao casal presidencial que tenho a certidão de óbito de Covid-19. E que eles se arrependam sinceramente para ter acesso à sua restauração sem preço de prata ou ouro.

A verdadeira fé é possuir antes de possuir, e pela fé em Jesus eles podem experimentar a graça de Deus em suas vidas.

1

LA SURVEILLANCE ET LA SECURITE DE LA MAISON BLANCHE

La Maison Blanche est l'immeuble le plus sécurisé de la planète bleue. Seulement, le Covid-19 a pu traverser tout ce système colossal de sécurité avec toute la technologie de pointe de ce siècle de vitesse pour nous montrer que l'œuvre humaine a une limite d'une manière ou d'une autre.

Comment comprendre cette réalité difficile à concéder ?

Le couple le plus sécurisé du monde est atteint du Covid-19 ainsi qu'une partie de personnes autour du Président Trump à quelques jours des élections aux Etats Unis d'Amérique.

L'homme le plus puissant de notre génération est devenu le plus vulnérable et s'est rendu aux beaux soins de son médecin en la matière.

Le poisson n'est fort et puissant que dans les eaux et l'oiseau dans les airs.

1

A VIGILÂNCIA E A SEGURANÇA DA CASA BRANCA

A Casa Branca é o edifício mais seguro do planeta azul.

Só que a Covid-19 foi capaz de passar por todo esse colossal sistema de segurança com toda a tecnologia de ponta deste século de velocidade para nos mostrar que o trabalho humano tem um limite de uma forma ou de outra.

Como compreender esta realidade difícil de admitir?

O casal mais seguro do mundo tem Covid-19, junto com um grupo de pessoas ao redor do presidente Trump alguns dias antes das eleições nos Estados Unidos da América.

O homem mais poderoso de nossa geração se tornou o mais vulnerável e se rendeu aos cuidados de seu médico quanto a isso.

Os peixes são fortes e poderosos apenas nas águas e os pássaros no ar.

Et l'homme, créé à l'image et à la ressemblance de Dieu ne peut mieux tenir le coup qu'en demeurant dans la bergerie tout en écoutant la voix du Bon Berger et en la mettant en pratique.

Que les vaccins annoncés soient finalement testés sur le patron de la terre.

Cela devient âpre et raboteux à exécuter. Et en tant qu'Aumônier, j'ai un message semblable à celui de la servante de Naaman pour le Président Trump.

Pour ceux qui connaissent cette histoire biblique, le général Naaman était atteint de la lèpre qui était une maladie ouvrant les portes à la mise en quarantaine comme le Covid-19.

Seulement, il y avait une petite servante juive dans la maison de cet homme puissant et porteur de la lèpre.

Ladite maladie n'avait ni vaccin ni remède approprié et fut considérée comme une maladie sous forme d'un châtiment de la part de Dieu qui rendait ses porteurs impurs à la vie en société.

E o homem, criado à imagem e semelhança de Deus, não pode resistir melhor do que permanecer no redil, enquanto escuta a voz do Bom Pastor e a põe em prática.

Que as vacinas anunciadas sejam finalmente testadas no patrão.Torna-se difícil e difícil de executar.

E como capelão, tenho uma mensagem semelhante à da empregada de Naamã para o presidente Trump.Para quem conhece esta história bíblica, o General Naamã sofria de lepra, uma doença que abriu as portas para a quarentena como a Covid-19.

Só havia uma pequena empregada judia na casa deste homem poderoso com lepra.

A dita doença não tinha vacina nem cura adequada e era considerada uma doença na forma de uma retribuição de Deus que tornava seus portadores impuros para a vida em sociedade.

Vu son rang dans la société, le général Naaman pouvait être toléré dans la vie communautaire d'alors, avec juste des mouvements bien réduits.

Ce fut des moments difficiles à vivre et à partager pour un si grand guerrier de l'époque !

Cependant, la solution ne vint pas des médecins ni du Ministère de la Santé de la Syrie.

Elle vint de la bouche autorisée d'une servante juive, comme il est écrit :

« ***Et elle dit à sa maîtresse: Oh! Si mon seigneur était auprès du prophète qui est à Samarie, le prophète le guérirait de sa lèpre!*** » 2 Rois 5 :3

Difficilement mais sans autre choix, il recouvrit finalement sa santé et retourna vers son pays d'origine.

Il y a une solution pour Dieu et pour quiconque croit en lui car le salut de tous les hommes par la foi en Jésus est gratuit !

Monsieur le Président des Etats-Unis d'Amérique, sous votre respect, je vous prie de venir déposer votre cruche de Covid-19 aux pieds du Seigneur Jésus à l'instar de la Femme Samaritaine en son temps.

Dada a sua posição na sociedade, o General Naaman podia ser tolerado na vida comunitária da época, com apenas pequenos movimentos.Foram tempos difíceis de vivenciar e compartilhar para um grande guerreiro da época!

No entanto, a solução não veio dos médicos ou do ministério da saúde da Síria.

Veio da boca autorizada de uma empregada judia, como está escrito: « ***E ela disse à sua patroa: Oh! Se meu senhor estivesse com o profeta que está em Samaria, o profeta o curaria de sua lepra!*** » 2 Reis 5: 3

Difícil, mas sem escolha, ele finalmente recuperou a saúde e voltou para sua terra natal.

Existe uma solução para Deus e para todo aquele que crê nele porque a salvação de todos os homens pela fé em Jesus é gratuita!

Senhor Presidente dos Estados Unidos da América, com seu respeito, peço-lhe que venha e deite sua jarra de Covid-19 aos pés do Senhor Jesus como a Samaritana em seu tempo.

Ne jouez pas au jeu de Nicodème et rachetez le temps car les jours sont mauvais et bien comptés. Et j'ai appris par les réseaux sociaux que certains de vos proches ont aussi connu ce triste sort.

Il y a encore une place vide à la table du Ressuscité car Thomas n'est pas encore rentré !

Monsieur le Président des Etats-Unis d'Amérique, rien n'est impossible à Dieu et rien n'est impossible à celui qui croit car la foi nous divinise tous en Jésus !

Il y a encore une voie de recours au-delà des lois naturelles et des lois universelles. La science a montré ses limites une fois de plus avec ce qui vient de vous arriver.

Où étaient vos gardes du corps pendant que ce germe de mauvais goût et de triste mémoire traversait les murs sécurisés de la Maison Blanche ?

Cela nous montre à suffisance que si Dieu ne nous garde pas, ceux qui sont payés pour nous garder nous prennent cet argent avec leurs limites humaines.

Não jogue o jogo de Nicodemos e resgate o tempo porque os dias estão ruins e bem contados.

E aprendi nas redes sociais que alguns dos seus entes queridos também sofreram este triste destino.Ainda há um lugar vazio à mesa do Ressuscitado porque Tomé ainda não voltou!

Senhor Presidente dos Estados Unidos da América, nada é impossível para Deus e nada é impossível para quem crê porque a fé diviniza todos nós em Jesus!

Ainda há um remédio além das leis naturais e leis universais.

A ciência mostrou seus limites mais uma vez com o que acabou de acontecer com você.

Onde estavam seus guarda-costas enquanto esse gosto ruim e triste memória brotavam das paredes seguras da Casa Branca?

Isso nos mostra suficientemente que, se Deus não nos guarda, aqueles que são pagos para nos guardar nos tiram esse dinheiro com seus limites humanos.

La profondeur appelle la profondeur et le fer aiguise le fer. On n'est en pleine sécurité qu'entre les mains de Dieu.

Pendant que vous dormez, monsieur le Président, il arrive des moments où vos gardent sur lesquels vous comptez somnolent un peu et de fois, cela peut même les emporter dans un profond sommeil.

Notre Père Céleste ne dort ni ne somnole depuis les origines des temps. Il est disposé à exaucer nos prières et de prendre nos fardeaux afin de nous imputer la paix et la justice !

Et hier, le 11/10/2020 dans les réseaux sociaux, le Président Trump est apparu en bonne santé et je bénis personnellement le Seigneur pour cette guérison ainsi que celle de tous autres dans la suite du temps.

Le problème n'est pas celui de recouvrir la santé, mais celui de la conserver. Il y a bien de gens dans le monde qui croient que le déconfinement a confiné le Covid-19.

Loin de là.

A profundidade exige profundidade e o ferro afia o ferro.

Estamos completamente seguros nas mãos de Deus.Enquanto você está dormindo, Sr. Presidente, chega o momento em que seus guardiões, nos quais você confia, ficam um pouco sonolentos e às vezes podem até levá-los a um sono profundo.

Nosso Pai Celestial não dorme nem cochila desde o início dos tempos. Ele está disposto a responder nossas orações e assumir nossos fardos a fim de nos imputar paz e justiça!

E ontem, 11/10/2020 nas redes sociais, o Presidente Trump apareceu com boa saúde e eu, pessoalmente, bendigo ao Senhor por esta cura e a de todas as outras no rastro do tempo.

O problema não é recuperar a saúde, mas preservá-la. Muitas pessoas no mundo acreditam que o desconfinamento confinou a Covid-19.

Longe dali.

La maladie continue sa trotte dévastatrice et nous devrions tirer une leçon de sagesse et de prudence sur ce qui vient de se produire à la Maison Blanche !

Ne négligeons pas les mesures de préventions qui nous ont été données à la veille du déconfinement. Nous rencontrons des personnes dont nous ne connaissons pas l'état de santé et devrions bien faire attention car l'intouchable a été touché comme dans une simple comédie !

Monsieur le Président des Etats Unis d'Amérique, Dieu merci.

Seulement ne lâche plus jamais la prise car Covid-19 est une réalité vivante qu'il faudra mettre hors d'état de nuire par les lois naturelles, universelles et spirituelles.

J'insiste sur les lois spirituelles car tout pouvoir vient de Dieu et un roi ou un président qui ignore Dieu, crache sur son propre pouvoir.

Et le pouvoir en soit repose sur la raison et sur l'action concrète !

A doença continua seu trote devastador e devemos aprender uma lição de sabedoria e cautela com o que acabou de acontecer na Casa Branca!

Não negligenciemos as medidas preventivas que nos foram dadas na véspera do desconfinamento.

Encontramos pessoas cujo estado de saúde não conhecemos e devemos ter cuidado porque o intocável foi tocado como numa simples comédia!

Senhor Presidente dos Estados Unidos da América, graças a Deus.Só não desista de novo, porque Covid-19 é uma realidade viva que terá que ser colocada fora de perigo por leis naturais, universais e espirituais.

Insisto nas leis espirituais porque todo poder vem de Deus e um rei ou presidente que ignora Deus cospe em seu próprio poder.

E o próprio poder repousa na razão e na ação concreta!

Vous n'avez plus raison de sortir sans masque publiquement car la prochaine fois, vous ne vous en prendrez qu'à vous-mêmes. La position que vous occupez ne vous permet pas de vous excuser. Un grand esprit voit le mal venir de loin comme un aigle et se retire en avance.

Qui a inventé cette histoire, monsieur le Président... Vraiment, sous votre respect, que cela soit le début d'une suite de bonnes nouvelles sur votre santé et sur votre nation avant de vous occuper des autres nations de la terre.

Et dans la mesure du possible, ayez dorénavant votre masque car le Covid-19 ignore que vous êtes le Président des Etats Unis d'Amérique.

Il en est de même pour quiconque croît que cette maladie de triste mémoire est partie avec le déconfinement.

Main au cœur, je vous prie de bien vouloir conserver les mesures préventives y afférentes car l'on ne vit qu'une seule fois.

Il y a bien de gens qui ont besoin de vous quelque part en quelque chose et que votre mort inopinée rendra amèrement tristes et abattus.

Você não tem mais razão de sair sem máscara publicamente porque da próxima vez vai se culpar.

A posição que você ocupa não permite que você se desculpe. Um grande espírito vê o mal vindo de longe como uma águia e recua. Quem inventou esta história, senhor presidente...

Verdadeiramente, com seu respeito, que este seja o início de uma série de boas notícias sobre sua saúde e sua nação antes de lidar com as outras nações da terra.

E se possível, use sua máscara a partir de agora, porque a Covid-19 ignora que você é o presidente dos Estados Unidos da América.

É o mesmo para quem acredita que esta doença da triste memória saiu com o desconfinamento.

De mãos dadas, imploro que guarde as medidas preventivas relacionadas, pois você só vive uma vez.

Há muitas pessoas por aí que precisam de você em algum lugar, e sua morte inesperada os deixará amargamente tristes e abatidos.

La vie humaine est un don de Dieu et nous n'avons pas le droit d'en disposer à notre guise.

Des membres de famille, des amis et des inconnus nous ont été arrachés par la sauvagerie de cette pandémie Covid-19 et nous ne devrions pas baisser la garde.

Le combat continue et la victoire est dans notre camp car je tiens en main le certificat de décès du Covid-19.

Evitons tous à donner une victoire qui n'est plus à la hauteur du Covid-19 car c'est un germe minuscule, sans mains et sans pieds, qui se sert de l'un de nous pour réaliser sa sale besogne.

Aujourd'hui Covid-19 a franchi les murs de la Maison Blanche ainsi que la ceinture du Président Trump.

La vie humaine est sacrée.

La santé est aussi sacrée.

Nous allons cette fois-ci, tous comme un seul homme confondre l'aventure téméraire et inhumaine de Covid-19 au milieu de nous, une fois pour toutes !

A vida humana é uma dádiva de Deus e não temos o direito de dispor dela como quisermos.

Membros da família, amigos e estranhos foram arrancados de nós pela selvageria desta pandemia Covid-19 e não devemos baixar a guarda.

A luta continua e a vitória está em nosso acampamento porque tenho em mãos a certidão de óbito do Covid-19.

Vamos todos evitar dar uma vitória que não depende mais da Covid-19 porque é um minúsculo germe, sem mãos e pés, que usa um de nós para fazer seu trabalho sujo.

Hoje, a Covid-19 atravessou as paredes da Casa Branca e também o cinto do presidente Trump.

A vida humana é sagrada.

A saúde também é sagrada.

Desta vez, todos nós, como um só homem, vamos confundir a aventura imprudente e desumana da Covid-19 entre nós, de uma vez por todas!

Que ceux qui utilisent les lois naturelles, universelles et spirituelles aient tous comme un seul homme leur point de mire sur ce dévastateur de mauvais goût.

Nous avons vaincu une bataille en apprenant sur les ondes médiatiques le recouvrement de santé de l'homme le plus fort de la planète et cela nous poussent à aller plus loin dans notre réflexion car si la porte de la Maison Blanche a été traversée sans résistance par Covid-19, à combien plus forte raison ne serions-nous pas exposés à ce mal conçu par les hommes les plus intelligents et les plus riches de la planète bleue ?

Si les grands et puissants de ce monde ne sont pas finalement protégés devant le Covid-19, que dire de faibles et des pauvres ?

Si la montagne n'a pas pu inquiéter Covid-19, quel sort serait-il réservé à la vallée ?

C'est pourquoi il ne faudrait pas négliger le côté spirituel de la guérison, surtout en face du Covid-19.

Que todos aqueles que usam as leis naturais, universais e espirituais tenham os olhos postos neste devastador de mau gosto como um só homem.

Ganhamos uma batalha aprendendo nas ondas da mídia da recuperação da saúde do homem mais forte do planeta e isso nos empurra a ir mais longe em nossa reflexão porque se a porta da Casa Branca fosse cruzada sem resistência por Covid-19, quanto mais não seríamos expostos a este mal concebido pelos homens mais inteligentes e ricos do planeta azul?

Se os grandes e poderosos deste mundo não estão protegidos da Covid-19, o que dizer dos fracos e pobres?

Se a montanha não pudesse preocupar Covid-19, que destino aguardaria o vale?

É por isso que o lado espiritual da cura não deve ser negligenciado, especialmente em face de Covid-19.

2

LA CONFUSION DANS LE CAMP DES GRANDS DE CE MONDE

L'histoire biblique et même celle des hommes nous parle de la confusion dans le camp des grands !

J'ai vu encore le Président Trump en public sans masque comme le font certaines grandes têtes d'affiche de ce monde. Cela peut bien aller une fois ou un jour mais jamais tous les jours.

Maman me disait toujours que ce n'est pas le jour où l'on mange la grenouille que l'on n'aura de la galle !

Cela prendra un peu de temps avant que les conséquences ne se manifestent concrètement.

Ce n'est pas le jour où le semeur dépose la semence dans le sol du jardin que la jeune plante en sort.

Cela prendre du temps avant que l'ascenseur ne lui soit retourné !

C'est bien cela que j'appelle la loi du temps de réponse.

2

CONFUSÃO NO ACAMPAMENTO DO GRANDE DESTE MUNDO

A história bíblica e mesmo a dos homens nos contam sobre a confusão no acampamento dos grandes!

Eu vi o presidente Trump em público novamente sem máscara, assim como alguns dos maiores headliners do mundo. Pode correr bem uma vez ou por dia, mas nunca todos os dias.

Mamãe sempre me disse que não é dia de comermos sapo que não teremos fel!

Vai demorar algum tempo até que as consequências se materializem.

Não é no dia em que o semeador deposita a semente no solo do jardim que surge a muda.

Demoraria um pouco até que o elevador voltasse para ele!

Isso é o que chamo de lei do tempo de resposta.

Il y a des miracles instantanés et des miracles à retardement. Et nous devrions être conséquents avec notre manière de nous comporter publiquement, surtout en cette période du déconfinement et des mesures préventives contre le Covid-19.

La mort ressemble à un sommeil profond derrière le clapet anti-retour du réveil !

Monsieur le Président, sous votre respect, ayez toujours un masque avec vous et portez-le en public pour montrer que l'exemple vient d'en haut.

On ne s'habitue pas au risque. Plus on s'expose, plus on devient vulnérable et au bout du tunnel, c'est la ruine et la destruction car cette pandémie n'a aucun respect pour qui que ce soit.

Existem milagres instantâneos e milagres atrasados. E devemos ser consistentes com nossa maneira de nos comportar publicamente, especialmente neste período de desconfinamento e medidas preventivas contra a Covid-19.

A morte é como um sono profundo atrás da válvula de retenção do despertador!

Senhor Presidente, com todo o respeito, leve sempre consigo uma máscara e use-a em público para mostrar que o exemplo vem de cima.

Você não se acostuma com o risco. Quanto mais você se expõe, mais vulnerável você se torna e no final do túnel é a ruína e a destruição porque essa pandemia não tem respeito por ninguém..

TEMPS DE REPONSE

Il y a un temps qui se déroule entre l'action de l'un et la réaction de l'autre ou de la nature.

Le mal que les frères de Joseph lui avaient causé fit près de 20 ans pour les réconcilier comme ce fut dans le cas d'Esaü et Jacob.

Vendu aux Ismaélites par des dix grands-frères, à l'âge approximatif de 13 ans, il devint gouverneur à 30 ans au pays d'Egypte et fit venir toute sa famille pour éviter la catastrophe de la famine et leur donna le territoire de Goshen où ils restèrent pendant 430 ans.

Les escaliers n'ont jamais trompé car on peut les utiliser même quand il n'y a pas d'énergie électrique disponible !

La terre n'a jamais menti car elle respecte la semence et l'espèce !

Les mêmes causes produisent les mêmes effets dans la relation entre l'action et la réaction.

On ne va pas en enfer, le jour où l'on a péché. Il se passe bien des jours et quand l'on ne se repent pas, les vannes du pire s'ouvrent et la fin devient plus catastrophique !

TEMPO DE RESPOSTA

Há um tempo entre a ação de um e a reação de outro ou da natureza.

O mal que os irmãos de José lhe causaram demorou quase 20 anos para reconciliá-los, como foi no caso de Esaú e Jacó.

Vendido aos ismaelitas por dez irmãos mais velhos, com aproximadamente 13 anos de idade, ele se tornou governador com 30 anos na terra do Egito e trouxe toda sua família para evitar a catástrofe da fome e deu a eles o território de Gósen onde permaneceram 430 anos.

As escadas nunca estiveram erradas porque podem ser utilizadas mesmo quando não existe energia eléctrica disponível!

A terra nunca mentiu porque respeita a semente e a espécie!As mesmas causas produzem os mesmos efeitos na relação entre ação e reação.

Não vamos para o inferno no dia em que pecamos. Muitos dias se passam e quando não se arrepende, as comportas do pior se abrem e o fim se torna mais catastrófico!

LES FRERES DE JOSEPH EN EGYPTE

« *Joseph vit ses frères et les reconnut; mais il feignit d'être un étranger pour eux, il leur parla durement, et leur dit: D'où venez-vous? Ils répondirent: Du pays de Canaan, pour acheter des vivres.*

Joseph reconnut ses frères, mais eux ne le reconnurent pas.

Joseph se souvint des songes qu'il avait eus à leur sujet, et il leur dit: Vous êtes des espions; c'est pour observer les lieux faibles du pays que vous êtes venus.

Ils lui répondirent: Non, mon seigneur, tes serviteurs sont venus pour acheter du blé.

Nous sommes tous fils d'un même homme; nous sommes sincères, tes serviteurs ne sont pas des espions.

Il leur dit: Nullement; c'est pour observer les lieux faibles du pays que vous êtes venus.

OS IRMÃOS DE JOSEPH NO EGIPTO

« *José viu seus irmãos e os reconheceu; mas ele fingiu ser um estranho para eles, falou-lhes asperamente, e disse-lhes: De onde vocês são? Eles responderam: Da terra de Canaã, para comprar comida.*

José reconheceu seus irmãos, mas eles não o reconheceram.

José lembrou-se de seus sonhos com eles, e disse-lhes: Vós sois espiões; é observar os pontos fracos do país que você veio.

Responderam-lhe: Não, senhor, seus servos vieram comprar milho.

Somos todos filhos do mesmo homem; somos sinceros, seus servos não são espiões.

Ele disse-lhes: De forma alguma; é observar os pontos fracos do país que você veio.

Ils répondirent: Nous, tes serviteurs, sommes douze frères, fils d'un même homme au pays de Canaan; et voici, le plus jeune est aujourd'hui avec notre père, et il y en a un qui n'est plus. » Genèse 42 :7-13

Joseph, comme une jeune fille violée reconnaît son agresseur, n'oublia ses frères qui ne le reconnurent point quand ils allèrent en Egypte pour chercher du blé car la famine ne les avait pas épargnés !

Celui qui fait le mal oublie vite alors que la victime garde en elle les cicatrices de la douleur !

Il se passa près de deux décennies entre ses songes et leur matérialisation !

Je m'adresse à quelqu'un qui a longtemps attendu la réalisation de certaines promesses dans sa vie. La patience et la tempérance n'ont jamais menti. Et je vais à l'école d'Habacuc pour ajouter ces mots :

Eles responderam: Nós, vossos servos, somos doze irmãos, filhos de um homem na terra de Canaã; e eis que o mais novo está com nosso pai hoje, e há outro que já não existe. » Gênesis 42: 7-13

José, como uma menina estuprada reconhece seu agressor, não se esqueceu de seus irmãos que não o reconheceram quando foram ao Egito em busca de trigo porque a fome não os havia poupado!

Quem faz o mal rapidamente esquece enquanto a vítima guarda dentro de si as cicatrizes da dor!

Quase duas décadas se passaram entre seus sonhos e sua materialização!

Estou falando com alguém que esperou muito tempo que certas promessas se cumprissem em sua vida. Paciência e temperança nunca mentiram. E eu vou para a escola de Habacuc para acrescentar estas palavras:

« ***Car c'est une prophétie dont le temps est déjà fixé, Elle marche vers son terme, et elle ne mentira pas; si elle tarde, attends-la, Car elle s'accomplira, elle s'accomplira certainement.*** » Habacuc 2 :3

Il suffit d'attendre le temps fixé par Dieu lui-même car sa parole ne retourne jamais vers lui sans produire ce dont elle fut prononcée à propos !

De même qu'une femme attend neuf mois pour voir le fruit de ses entrailles, ainsi en est-il de la loi de la patience. Elle nous donne l'espérance d'attendre ce en quoi nous croyons.

Les grands-frères de Joseph l'on même appelé « seigneur » tout en ignorant que c'était lui qu'ils avaient jeté dans une citerne sans eau avant de le vendre aux Ismaélites !

Le temps est têtu et n'attend personne, mais la patience nous aide en demeurer dans la présence de Dieu malgré le vent contraire !

« ***Pois é uma profecia cujo tempo já está determinado; está chegando ao fim, e não mentirá; se atrasar, espere por isso, Pois será cumprido, certamente será cumprido.*** » Habacuque 2: 3

Basta esperar o tempo fixado pelo próprio Deus, porque a sua palavra nunca lhe retorna sem produzir o que foi dito!

Assim como a mulher espera nove meses para ver o fruto do seu ventre, assim também é a lei da paciência. Isso nos dá esperança de esperar por aquilo em que acreditamos.

Os irmãos mais velhos de José até o chamavam de « senhor », embora não soubessem que era ele a quem haviam jogado em uma cisterna sem água antes de vendê-lo aos ismaelitas!

O tempo é teimoso e não espera por ninguém, mas a paciência nos ajuda a permanecer na presença de Deus apesar do vento contrário!

Etre grand, c'est respecter les lois des Dieu et celles des hommes sans quitter la bergerie du Seigneur. Car en cela, il y a aussi à boire et à manger !

Il y a des lois des hommes comme celles sur base desquelles on a pu instituer l'homosexualité qui ne vont avec la règlementation divine !

A ce moment, le choix est clair et net. Nous sommes ainsi appelés à être sages et prudents car la semence du mal s'est déjà infiltrée dans la science et dans la technologie moderne et l'on ne sait plus où s'arrête la loyauté et où commence la rébellion.

La zone frontalière entre le bien et le mal a été largement arrosée par l'apprenti-sorcier de ce siècle de vitesse qui croit plus en la créature qu'en le Créateur.

Le moment est grave et l'heure est suffisamment avancée.

Il est grand temps de rentrer alors à l'école de l'obéissance, de la fidélité et de la discipline pour demeurer dans la présence de Dieu tout le reste de nos jours sur cette planète bleue !

Ser grande é respeitar as leis de Deus e dos homens sem sair do aprisco do Senhor. Porque nisso também há comida e bebida!

Existem leis de homens como aqueles com base nas quais fomos capazes de instituir a homossexualidade que não condizem com os regulamentos divinos!

Nesse ponto, a escolha é clara e precisa. Somos assim chamados a ser sábios e cuidadosos porque as sementes do mal já se infiltraram na ciência e na tecnologia modernas e não sabemos onde termina a lealdade e começa a rebelião.

A área de fronteira entre o bem e o mal foi amplamente regada pelo Aprendiz de Feiticeiro deste século de velocidade que acredita mais na criatura do que no Criador.

O momento é sério e a hora já é bastante avançada.

Já é tempo de voltar à escola de obediência, fidelidade e disciplina para permanecer na presença de Deus todo o resto de nossos dias neste planeta azul!

Nul n'est au-dessus de la loi et Monsieur le Président Trump devra dorénavant avoir son masque en public.

La seconde attaque du diable est souvent trop dévastatrice !

« ***Lorsque l'esprit impur est sorti d'un homme, il va par des lieux arides, cherchant du repos, et il n'en trouve point.***

Alors il dit: Je retournerai dans ma maison d'où je suis sorti; et, quand il arrive, il la trouve vide, balayée et ornée.

Il s'en va, et il prend avec lui sept autres esprits plus méchants que lui; ils entrent dans la maison, s'y établissent, et la dernière condition de cet homme est pire que la première. Il en sera de même pour cette génération méchante. » Mathieu 12 :43-45

Monsieur le Président Trump, je vous en supplie, ayez l'habitude de mettre un masque en public pendant toute cette période car, le retour d'une maladie a de fois des conséquences plus fâcheuses.

Ninguém está acima da lei e o presidente Trump agora terá que usar sua máscara em público.

O segundo ataque do diabo costuma ser devastador demais!

« ***Quando o espírito imundo sai do homem, ele passa por lugares áridos, procurando descanso, e não o encontra.***

Então ele disse: Voltarei para minha casa de onde saí; e, ao chegar, encontra-o vazio, varrido e adornado.

Ele vai, e leva consigo sete outros espíritos piores do que ele; eles entram na casa, se estabelecem ali, e a última condição deste homem é pior do que a primeira. Será o mesmo para esta geração perversa. » Mateus 12: 43-45

Sr. Presidente Trump, eu imploro, tenha o hábito de colocar uma máscara em público durante este tempo, porque o retorno da doença geralmente tem consequências mais terríveis.

Vous vous en êtes bien tiré selon les commentaires en ligne mais le Covid-19 est encore une réalité au milieu de nous.

Nous croyions que la solution viendrait des Etats Unis d'Amérique, malheureusement l'apparence est de fois trompeuse.

Vous êtes bien puissants en bien de choses, mais Covid-19 se moque bien de tous ceux qui se prétendaient grands et puissants.

L'humilité précède la gloire et je vous invite personnellement en tant qu'aumônier de vous protéger en public comme le font les autres.

Le retour d'un esprit méchant peut entraîner des dégâts plus dévastateurs que l'on ne peut l'imaginer.

On ne vit qu'une seule fois et ensuite vient la mort et le jugement dernier. Et un homme grand et intelligent de se justifie pas. Il ne prend la défense.

Bien au contraire, il voit le mal venir de loin et s'en écarte avant que le pire ne le surprenne pas.

Você se saiu bem de acordo com os comentários online, mas o Covid-19 ainda é uma realidade entre nós.

Acreditávamos que a solução viria dos Estados Unidos da América, infelizmente a aparência às vezes engana.

Você é muito poderoso em muitas coisas, mas a Covid-19 não se importa muito com alguém que afirma ser grande e poderoso.

A humildade precede a glória e eu pessoalmente o convido como capelão para se proteger em público como os outros fazem.

O retorno de um espírito maligno pode causar danos mais devastadores do que se possa imaginar.

Você só vive uma vez e então vem a morte e o julgamento final. E um homem alto e inteligente não se justifica. Ele não assume a defesa.

Ao contrário, ele vê o mal vindo de longe e se afasta dele antes que o pior o surpreenda.

Tout le monde est vulnérable au Covid-19, mais ceux qui respecteront les consignes données s'en tireront facilement.

Demander est un signe de faiblesse et d'immaturité.

Donner est un signe de responsabilité et de fraternité.

Pardonner c'est un geste agréable et oublier la mal des autres dans sa vie, c'est de la perfection.

On peut facilement contrôler ses actions, mais les émotions et les réactions sont de fois imprévisibles !

Ayez, Monsieur le Président pitié de tous ceux qui comptent sur vous et focalisez-vous sur les prochaines élections présidentielles dont le scrutin est à la porte des Américains.

Nous ne pouvons pas résister au conseil des médecins qui nous ont donné ces mesures de prévention contre le Covid-19.

Ceci est valable à nous tous pendant cette période qui a suivi la première vague de cette pandémie plus dévastatrice que passagère.

Todos são vulneráveis ao Covid-19, mas aqueles que seguem as instruções escaparão facilmente.

Perguntar é sinal de fraqueza e imaturidade.Dar é sinal de responsabilidade e fraternidade.

Perdoar é um gesto agradável e esquecer a dor dos outros em sua vida é a perfeição.

Você pode controlar facilmente suas ações, mas as emoções e reações às vezes são imprevisíveis!

Tenha, Senhor Presidente, misericórdia de todos aqueles que contam com você e concentre-se nas próximas eleições presidenciais cujo voto está à porta dos americanos.

Não podemos resistir ao conselho dos médicos que nos deram essas medidas preventivas contra a Covid-19.

Isso é válido para todos nós durante este período após a primeira onda desta pandemia mais devastadora do que passageira.

Nous croyons qu'avec les efforts partagés et convergents, nous allons pour très bientôt ranger Covid-19 dans le même tiroir que l'Ebola, le SIDA et la fièvre jaune.

Je le répète en disant que je tiens entre mes mains le certificat de décès de Covid-19. C'est déjà une bête blessée qui cherche où aller achever sa course ténébreuse !

Covid-19 a eu le culot de fermer l'accès dans les lieux de louange et d'adoration ainsi que tous les lieux publics pendant plus ou moins 5 mois. Et cela sur toute la planète bleue.

Maintenant que nous sommes passés à la phase de déconfinement, ne baissons pas la garde car il y a encore des gens qui l'aident à se déplacer d'une ancienne vers une nouvelle victime.

Cela continue à fendre le filet de notre protection par le non-respect des consignes de prévention y relatives.

Acreditamos que, com esforços compartilhados e convergentes, muito em breve colocaremos o Covid-19 na mesma gaveta do Ebola, da AIDS e da febre amarela.

Repito dizendo que tenho em minhas mãos a certidão de óbito de Covid-19. Já é uma fera ferida procurando por onde ir para terminar seu curso escuro!

Covid-19 teve a coragem de fechar o acesso a locais de louvor e adoração, bem como a todos os locais públicos, por mais ou menos 5 meses. E isso em todo o planeta azul.

Agora que passamos para a fase de desconfinamento, não vamos baixar a guarda, porque ainda há pessoas ajudando-a a passar de uma velha para uma nova vítima.

Isso continua a cortar a rede de nossa proteção pelo não cumprimento das instruções de prevenção relacionadas.

Tous comme un seul homme, nous devrions respecter le port de masque, le lavage des mains avec un savon approprié, tousser entre le bras et l'avant-bras et suivre scrupuleusement la notion de la distanciation.

Il n'y a pas une alternance d'une demi-mesure. Nous devrions nous soumettre aux mesures de préventions susmentionnées pour arriver à mettre Covid-19 hors d'état de nuire.

Como um só homem, devemos respeitar o uso de máscaras, lavar as mãos com sabonete apropriado, tossir entre o braço e antebraço e seguir escrupulosamente a noção de distanciamento.

Não há alternância de meia medida. Devemos cumprir as medidas preventivas mencionadas acima para ter sucesso em colocar a Covid-19 fora de perigo.

3
LA TRADITION

La tradition est une habitude sociale ou liée aux us et coutumes appuyant la répétition de certains faits dans notre vie présente.

Cela peut bien marcher une fois, mais pas tous les jours.

Les rois et les personnes élevées en dignité croient que tout leur obéit au doigt et à l'œil. Malheureusement il n'en est pas ainsi.

Il y a bien de choses et de personnes qui fléchissent l'échine devant eux et d'autres qui sont désintéressés car ils ont fait le bon choix de la vie.

Je l'ai dit plus d'une fois dans mes œuvres littéraires que la vie sur terre n'est qu'une descente dans une station de carburant pour nous permettre de rentrer un jour au ciel d'où nous sommes sortis.

Et le Seigneur Jésus lui-même l'a souligné en son temps en ces mots :

3
A TRADIÇÃO

A tradição é um hábito social ou vinculado a hábitos e costumes que sustentam a repetição de certos fatos em nossa vida presente.

Pode funcionar bem uma vez, mas não todos os dias.

Reis e pessoas com alta dignidade acreditam que tudo é obediente a eles.

Infelizmente, não é assim.

Existem muitas coisas e pessoas que se curvam a eles e outros que são altruístas porque fizeram a escolha certa na vida.

Já disse mais de uma vez em minhas obras literárias que a vida na terra é apenas uma descida a um posto de gasolina para um dia nos levar de volta ao céu de onde saímos.

E o próprio Senhor Jesus sublinhou em seu tempo com estas palavras:

« ***Et que sert-il à un homme de gagner tout le monde, s'il perd son âme?*** » Marc 8 :36

La vie humaine est un don de Dieu et nous devrions un jour, d'une manière ou d'une autre lui rendre compte.

Nous sommes en mission sur cette terre des hommes pour un temps bien précis que nous devrions capitaliser en appartenant à Dieu et en le servant de tout notre cœur.

Souvent, notre position sociale nous aveugle et nous plonge dans une sorte de berlue et d'hallucination nous éloignant ainsi de notre obligation divine.

Nous nous plions ainsi devant la créature et rejetons en bloc notre prescription divine originelle.

Oui, comme il n'est pas bon de prendre un médicament sans prescription de son médecin traitant, ainsi en est-il de la gestion de notre rang social sur cette terre où nous trottons juste pour un temps trop court selon le cadran de Dieu.

Selon son cadran, un jour est comme **1000** ans et **1000** ans comme un jour.

« ***E de que adianta um homem conquistar a todos, se ele perde sua alma?*** » Marcos 8:36

A vida humana é uma dádiva de Deus e um dia devemos de alguma forma prestar contas a ele.

Estamos em uma missão nesta terra dos homens por um tempo muito específico que devemos capitalizar pertencendo a Deus e servindo-o de todo o coração.

Freqüentemente, nossa posição social nos cega e nos mergulha numa espécie de berlue e alucinação, distanciando-nos, assim, de nossa obrigação divina.Assim, nos curvamos diante da criatura e rejeitamos em bloco nossa receita divina original.

Sim, como não é bom tomar remédio sem receita do médico assistente, assim é com a gestão de nossa posição social nesta terra onde trotamos por um tempo muito curto de acordo com o dial de Deus.

De acordo com o seu mostrador, um dia é como **1000** anos e **1000** anos como um dia.

24 heures = **1000** ans

1 heure = **1000/24** = **41,66**

Cela veut dire que celui qui a vécu **42** ans n'a fait qu'une randonnée d'une heure sur le cadran divin !

J'ai **57** ans révolus en ce jour. Cela veut dire j'ai vécu presque **80** minutes ou **1** heure **20** minutes sur l'horloge de mon Dieu.

Oui, Moïse vécut **120** ans et cela représente environ **3** heures sur le cadran de mon Dieu.

Que la tradition et surtout notre position sociale ne nous aveugle pas sur notre mission première sur cette terre qui consiste à chercher d'abord le royaume des cieux et sa justice, comme stipulé dans **Mathieu 6 :33**

Nous sommes comme des soldats sur le champ de bataille et si nous n'éliminons pas notre adversaire, c'est bien ce dernier qui va nous évincer !

Ou nous gérons sagement et prudemment la tradition, les us et coutumes ; ou ce l'œuvre humaine qui va nous disqualifier de la course vers les parvis célestes éternels.

24 horas = **1000** anos

1 hora = **1000/24** = **41,66**

Isso significa que quem viveu **42** anos fez apenas uma hora de caminhada no dial divino!

Tenho mais de **57** anos neste dia. Isso significa que vivi quase **80** minutos ou **1** hora e **20** minutos no meu relógio de Deus.

Sim, Moisés viveu **120** anos e isso representa cerca de **3** horas no dial do meu Deus.

Que a tradição e especialmente nossa posição social não nos ceguem para nossa missão principal nesta terra, que é buscar primeiro o reino dos céus e sua justiça, conforme estipulado em **Mateus 6:33**

Somos como soldados no campo de batalha e se não eliminarmos o nosso adversário, será este quem nos expulsará!

Ou administramos com sabedoria e prudência a tradição, os costumes e as tradições; ou esta obra humana que nos desqualificará da corrida para as cortes celestiais eternas.

Esaü avait juré tuer son jeune-frère après la mort de son père Jacob, mais il fut confondu par la réconciliation qui se produisit **20** ans plus tard.

A la traversée de la Mer Rouge, le égyptiens croyaient rattraper les enfants d'Israël par défit mais ils moururent tous comme un seul homme car ce jour-là était un jour de la différence par la main puissante de Dieu.

Pharaon ne put avoir l'interprétation de son propre rêve et il fallut que l'on aille chercher le jeune Joseph en prison pour venir donner la vraie version de la pensée de Dieu.

Il en fut de même pour le roi Nebucadnetsar de Babylone qui perdit son propre rêve dans le palais royal en dépit des gardes du corps armés jusqu'aux dents.

Comment ont-ils fait passer un rêve si important dans le lieu le plus sécurisé de l'époque ?

C'est tout simplement parce que les systèmes de sécurité les plus performantes des hommes ont toujours de petits trous dans le filet.

Esaú jurou matar seu irmão mais novo após a morte de seu pai Jacó, mas ficou confuso com a reconciliação que ocorreu **20** anos depois.

Na travessia do Mar Vermelho, os egípcios acreditavam que alcançariam os filhos de Israel por desafio, mas todos eles morreram como um só homem porque aquele dia era um dia de diferença pela poderosa mão de Deus.

Faraó não poderia ter a interpretação de seu próprio sonho e tivemos que ir e encontrar o jovem José na prisão para vir e dar a verdadeira versão do pensamento de Deus.

Foi o mesmo para o rei Nabucodonosor da Babilônia, que perdeu seu próprio sonho no palácio real, apesar dos guarda-costas armados até os dentes.

Como eles conseguiram que um sonho tão importante acontecesse no lugar mais seguro da época?

Isso ocorre simplesmente porque os sistemas de segurança masculina mais bem-sucedidos sempre apresentam pequenos orifícios na rede.

Personne à part Daniel ne fut trouvé digne et capable de rappeler le songe au roi et de lui en donner l'intervention !

Et ce fut ainsi que le Covid-19 s'est infiltré dans les lieux les plus sécurisés de la planète bleue.

Nous avons tout intérêt d'appartenir d'abord à Dieu avant de le servir dans l'obéissance et dans la fidélité.

Demain n'est pas la copie d'hier. C'est un autre jour qui dépend de la semence d'aujourd'hui.

Aucun royaume de ce monde n'est éternel. En personnes avisées, nous devrions nous préparer pour la suite des événements derrière le dernier rectangle.

Quel type de rapport allons-nous montrer à notre Père Céleste au dernier jour ?

Il est encore temps pour chacun de nous sans distinction de classe sociale, d'âge et de sexe de nous conformer à la volonté de Dieu avant qu'il ne soit trop tard !

Judas croyait jouer au petit malin, mais il mourut avant celui qu'il avait trahi pour 30 sicles d'argent seulement.

Ninguém além de Daniel foi considerado digno e capaz de lembrar o rei do sonho e dar-lhe uma intervenção!

E foi assim que o Covid-19 se infiltrou nos lugares mais seguros do planeta azul.

Temos todo o interesse em pertencer primeiro a Deus antes de servi-lo em obediência e fidelidade.

Amanhã não é a cópia de ontem. É mais um dia que depende da semente de hoje.

Nenhum reino neste mundo é eterno. Como pessoas sábias, devemos nos preparar para o que acontecerá a seguir, atrás do último retângulo.

Que tipo de relatório mostraremos a nosso Pai Celestial no último dia?

Ainda há tempo para cada um de nós, independentemente da classe, idade e sexo, nos conformarmos com a vontade de Deus antes que seja tarde demais!

Judas achou que estava jogando de forma inteligente, mas morreu antes daquele que havia traído por apenas 30 siclos de prata.

Monsieur le Président, ayez, s'il vous plaît votre masque sur vous chaque fois que vous serez en public et ce qui vous est arrivé appartiendra dorénavant au passé.

La justice devrait être faite pour défendre le droit du pauvre et du faible car quand le bateau coule, on commence par secourir ceux qui ne savent pas nager.

Vous, Monsieur le Président, vous savez très bien nager et rien ne vous pousse à vous exposer inutilement.

Le diable croyait tuer le Seigneur Jésus à Golgotha, alors qu'il se crucifiait lui-même avec ses acolytes.

Les amis de Saul croyaient lapider Etienne alors qu'il contemplait les cieux ouverts et demanda pardon pour cette faute !

L'histoire de l'œuf et de la poule est semblable à celle de la chenille et du papillon. Mais Dieu créa la poule et le papillon.

Curieusement l'œuf vit moins longtemps que la poule d'une part et la chenille plus longtemps que le papillon, d'autre part.

Sr. Presidente, por favor, mantenha sua máscara sempre que estiver em público e o que aconteceu com você agora será coisa do passado.

Deve-se fazer justiça para defender os direitos dos pobres e dos fracos, porque quando o barco afunda, começamos ajudando quem não sabe nadar.

Vossa Excelência, Senhor Presidente, sabe nadar muito bem e nada o leva a expor-se desnecessariamente.

O diabo acreditava que estava matando o Senhor Jesus no Gólgota, enquanto se crucificava com seus acólitos.

Os amigos de Saul acreditaram que estavam apedrejando Estêvão enquanto ele olhava para o céu aberto e implorava perdão por esse erro!

A história do ovo e da galinha é como a da lagarta e da borboleta. Mas Deus criou a galinha e a borboleta.

Curiosamente, o ovo vive mais curto do que a galinha, por um lado, e a lagarta, mais do que a borboleta, do outro.

Toute autorité vient de Dieu et les rois et les personnes élevées en dignité de ce monde ne peuvent l'exercer qu'en se confiant en Celui de qui ils l'ont obtenue !

Le train roule sur le chemin de fer et l'autorité est vaine et nulle en dehors de Dieu.

Cela peut tenir pour un temps mais au bout du rouleau, c'est la ruine et la destruction !

L'autorité repose sur le pouvoir et sur la raison. Il ne s'agit pas seulement du pouvoir mais aussi du respect des lois de cohabitation avec Dieu et avec son semblable.

Le port de masque en public demeure un signe de garder la garde en place pour dire « non » à Covid-19. Et cette guerre restera soutenue individuellement et collectivement jusqu' à ce que Covid-19 appartienne au passé.

Tous, comme un seul homme, respectons les mesures préventives contre notre ennemi commun en ce temps de déconfinement.

Toda autoridade vem de Deus, e os reis e pessoas dignas deste mundo só podem exercê-la confiando nAquele de quem a obtiveram!

O trem anda na ferrovia, e a autoridade é fútil e vazia à parte de Deus.

Pode durar um pouco, mas no final do dia é ruína e destruição!

A autoridade é baseada no poder e na razão. Não se trata apenas de poder, mas também de respeitar as leis da coabitação com Deus e com o próximo.

Usar uma máscara em público continua sendo um sinal de manter o guarda no lugar para dizer « não » à Covid-19. E essa guerra continuará sendo apoiada individual e coletivamente até que a Covid-19 seja uma coisa do passado.

Todos, como um só homem, respeitemos as medidas preventivas contra o nosso inimigo comum nesta época de desconfinamento.

Mettons ainsi terme à cette tradition de croire qu'un chef d'entreprise peut descendre dans une mine à ciel ouvert sans casque et sans bottes puisque la structure lui appartient.

Nous devrions tous respecter les consignes des lieux et des temps. Nous sommes en guerre contre Covid-19 et partant, personne d'entre nous ne pourra pas se donner ce luxe d'aller en public sans masque.

Le confinement a été levé, mais Covid-19 est encore en quête de nouvelles victimes.

Então, vamos acabar com essa tradição de acreditar que o empresário pode descer a céu aberto sem capacete e sem botas, já que a estrutura é dele.

Devemos todos seguir as instruções do local e da hora. Estamos em guerra com a Covid-19 e, portanto, nenhum de nós poderá se dar ao luxo de ir a público sem máscara.

A contenção foi suspensa, mas Covid-19 ainda está procurando por novas vítimas.

CONCLUSION

Devant la loi, nous devrions nous exécuter tous ensemble grands et petits afin que nous soyons tous du bon côté car nous sommes tous vulnérables devant cette pandémie qui a mis les grandes puissances de ce monde à genoux.

Nous n'avons pas à croire que c'est fini comme nous sommes dans le déconfinement. Bien au contraire, nous devrions garder notre garde bien placée pour mettre hors d'état de nuire cet ennemi commun qui veut nous poignarder dans le dos.

Covid-19 n'est pas venu nous payer une visite de courtoisie. Il est venu pour décimer la population du monde en commençant par les africains. Cependant, notre Dieu l'a confondu ensemble avec ses concepteurs et aujourd'hui nous n'avons aucune raison de baisser la garde.

S'il n'a pas épargné la Maison-Blanche qui est le bâtiment le plus sécurisé de la terre, à combien plus forte raison ne pourrait-il pas nous atteindre ?

CONCLUSÃO

Antes da lei, todos nós devemos correr juntos, grandes e pequenos, para que todos estejamos do lado seguro, pois somos todos vulneráveis a esta pandemia que colocou as grandes potências deste mundo de joelhos.

Não temos que acreditar que acabou, pois estamos em deconfinamento. Pelo contrário, devemos manter nossa guarda no lugar para incapacitar esse inimigo comum que quer nos apunhalar pelas costas.

A Covid-19 não veio nos fazer uma visita de cortesia. Ele veio para dizimar a população do mundo, começando pelos africanos. Porém, nosso Deus o confundiu com seus criadores e hoje não temos por que baixar a guarda.

Se ele não poupasse a Casa Branca, que é o prédio mais seguro do mundo, quanto mais ele poderia nos alcançar?

Pourquoi l'Afrique a été épargnée dans cette première vague ?

Tout simplement parce que Dieu dans sa miséricorde s'est souvenu de nous sur tout le continent de la négritude.

Oui, c'est dans ce continent que Jésus fut acceuilli à ses 2 ans sans lui avoir exigé de déclarer l'or qui était dans le sac de Joseph, son père adoptif !

La guérison a aussi un volet sprituel qui consiste à exploiter les lois divines telles que la foi, l'espérance et l'amour.

Protégeons-nous en respectant les consignes qui nous ont été données pour cette période de déconfinement pour nous permettre de ranger très bientôt ce monstre en miniature dans le même tiroir que l'Ebola, le SIDA et la fièvre jaune.

La victoire est dans notre camp et nous ne devons pas baisser la garde !

L'Auteur

Por que a África foi poupada nesta primeira onda?

Simplesmente porque Deus em sua misericórdia nos lembrou em todo o continente da negritude.

Sim, é neste continente que Jesus foi acolhido aos seus 2 anos sem lhe ter pedido que declarasse o ouro que estava na bolsa de José, seu pai adotivo!

A cura também tem um componente espiritual que envolve o aproveitamento de leis divinas como fé, esperança e amor.

Protejamo-nos respeitando as instruções que nos foram dadas para este período de desconfinamento para que muito em breve possamos colocar este monstro em miniatura na mesma gaveta do Ebola, da SIDA e da febre amarela.

A vitória está em nosso acampamento e não devemos baixar a guarda!O autor

L'AUTEUR

Sylvanus Mulowayi Wa Kayumba, détenteur d'un diplôme en mécanique des fluides de l'Ecole des Ingénieurs Allemands et de deux diplômes en théologie, l'un en français et l'autre en anglais, Polyglotte et Assermenté et Expert Consultant, Aumônier et Prédicateur de la Parole de DIEU, j'ai appris à avoir de l'égard pour le faible.

Co-fondateur dans les années 1995 du Culte Anglophone de Lubumbashi, co-fondateur de MIREGNA, le Ministère de Réseau Global pour la Nouvelle Alliance, dans la ville de Kinshasa et Présentateur de l'émission chrétienne 'Only Jesus', il a passé beaucoup de temps à écrire sur le social, le divin et l'imaginaire.

Sa passion est pour les idées nobles, le travail bien fait et l'amour du beau. Près de la moitié de ma vie, li l'a passée avec les malades et les prisonniers dans l'aumônerie.

Une chose est vraie, c'est que tout homme a le droit d'aimer, d'apprécier et de penser.

O AUTOR

Sylvanus Mulowayi Wa Kayumba, titular do diploma em mecânica dos fluidos pela Escola Alemã de Engenheiros e dois diplomas em teologia, um em francês e outro em inglês, Poliglota e Juramentada e Consultor Especialista, Capelão e Pregador da Palavra de DEUS , Aprendi a respeitar os fracos.

Co-fundador em 1995 do Culto Anglófono de Lubumbashi, co-fundador do MIREGNA, o Ministério da Rede Global para a Nova Aliança, na cidade de Kinshasa e Apresentador do programa cristão 'Only Jesus', gastou muito hora de escrever sobre o social, o divino e o imaginário.

Sua paixão é por ideias nobres, um trabalho bem feito e o amor pelo belo. Quase metade da minha vida, ele passou com os doentes e os prisioneiros na capelania.

Uma coisa é verdade é que todo homem tem o direito de amar, apreciar e pensar.

Sa force est dans le plaisir d'écrire et de méditer sur le sacré et sur le social.

Il a beaucoup de respect pour le stylographe et la feuille de papier.

Son rêve est de rassembler la brise et la tempête dans un même lit et sous un même pour un monde conduit par l'amour et le pardon.

L'Auteur

Sylvanus Mulowayi Wa Kayumba

You Tube : Dasylvah Only Jesus

Sua força está no prazer de escrever e meditar sobre o sagrado e o social.

Ele tem um grande respeito pela caneta e pela folha de papel.

Seu sonho é reunir a brisa e a tempestade em uma cama e debaixo de uma para um mundo liderado pelo amor e perdão.

O autor.

Sylvanus Mulowayi Wa Kayumba

You Tube : Dasylvah Only Jesus

TABLE DES MATIERES

ÍNDICE

COVID-19 A LA MAISON BLANCHE

Incroyable mais Vraie !

Etre grand, c'est respecter les lois de Dieu et celles des hommes sans quitter la bergerie de la présence divine car nous ne venons pas d'un œuf comme une poule ou d'une chenille comme un papillon, mais de Dieu pour y retourner un jour, chacun en son temps et en ses circonstances.

COVID-19 NA CASA BRANCA

Incrível, mas é verdade!

Ser grande é respeitar as leis de Deus e dos homens sem sair do redil da presença divina porque não viemos de um ovo como uma galinha ou uma lagarta como uma borboleta, mas de Deus para voltar lá um dia, cada um em seu tempo e em suas circunstâncias

Printed by Books on Demand GmbH, Norderstedt / Germany